TAIS-TOI ET ATTENDS

La stratégie gagnante en immobilier

Maxime Rocher

Table des matières

PREFACE

Bienvenue, cher lecteur, dans les pages de « Tais-toi et attends », un ouvrage qui, nous l'espérons, éclairera votre lanterne dans le labyrinthe complexe et souvent déroutant de l'investissement immobilier.

Le titre de ce livre peut s'entendre de deux manières : faut-il investir et attendre ou attendre avant d'investir ?

Vous vous attendez probablement à un guide exhaustif, débordant de conseils pratiques, de stratégies infaillibles et de secrets jalousement gardés par les magnats de l'immobilier. Préparez-vous à être déçu. Ou, peut-être, à être agréablement surpris.

« Tais-toi et attends » n'est pas un livre ordinaire. C'est un miroir sarcastique, un reflet moqueur de la réalité de l'investissement immobilier. Dans ces pages, vous ne trouverez pas de mots rassurants, pas de promesses de richesse rapide, pas de recettes miracles. Vous trouverez des graphiques, des courbes, des lignes ascendantes et descendantes, des pics et des vallées.

Chaque graphique est une histoire silencieuse, un récit muet des hauts et des bas du marché immobilier, des crises et des opportunités, des guerres et des paix, des inflations et des récessions. Des événements mondiaux qui ont façonné et continuent de modeler le visage de l'immobilier.

L'investissement immobilier est un jeu d'attente. Un jeu de patience. Un jeu où le silence est d'or et où l'inaction peut être la stratégie la plus payante. « Tais-toi et attends » est un hymne à cette attente, un éloge de la patience, un manifeste de la sagesse silencieuse.

Alors, ouvrez ce livre et plongez dans le silence. Explorez les graphiques, contemplez les courbes, réfléchissez aux tendances. Et surtout, apprenez l'art délicat de l'attente.

Car, comme le dit le proverbe, « tout vient à point à qui sait attendre ».

Bonne lecture, ou plutôt, bonne contemplation.

CHAPITRE 1 : LA SAGESSE SILENCIEUSE DE L'INVESTISSEMENT IMMOBILIER : ACHETER, ATTENDRE ET PROSPERER

Pour ceux qui anticipent des baisses dans le secteur immobilier et qui scrutent attentivement chaque mouvement du marché, permettez-moi de partager deux citations qui résument élégamment ma perspective :

🔄 « N'attendez pas pour acheter l'immobilier, achetez l'immobilier et attendez. »
T. Harv Eker, conférencier américain

🔄 "Toute personne qui investit dans un bien immobilier attentivement sélectionné, dans un quartier en croissance d'une ville prospère, adopte la méthode la plus sûre pour devenir indépendant financièrement, parce que l'immobilier est à la base de la richesse." Franklin ROOSEVELT.

➡️ Le processus est simple : choisissez judicieusement votre bien, investissez, attendez, puis faites le bilan.

Depuis deux siècles, l'immobilier s'est révélé être un bastion de stabilité.

Il ne s'agit pas d'un domaine où la spéculation est reine. Les transactions rapides et risquées doivent être laissées aux experts, aux marchands de biens, qui comprennent et maîtrisent les risques associés.

Alors qu'en est-il pour le reste d'entre nous ?

L'immobilier représente **un investissement à long terme, un héritage solide et fiable.**

De plus, avec la possibilité de financer par emprunt, même à un taux d'intérêt de 4%, le potentiel de rendement est significatif.

Renoncer à l'un des principaux générateurs de richesse simplement parce que nous avons perdu de vue que la période actuelle de taux d'intérêt bas est en elle-même atypique serait une grave erreur.

CHAPITRE 2 : LA VALEUR DE L'INVESTISSEMENT IMMOBILIER

"L'immobilier est au cœur de presque toutes les entreprises, et est certainement au cœur de la richesse de la plupart des gens." - Donald TRUMP.

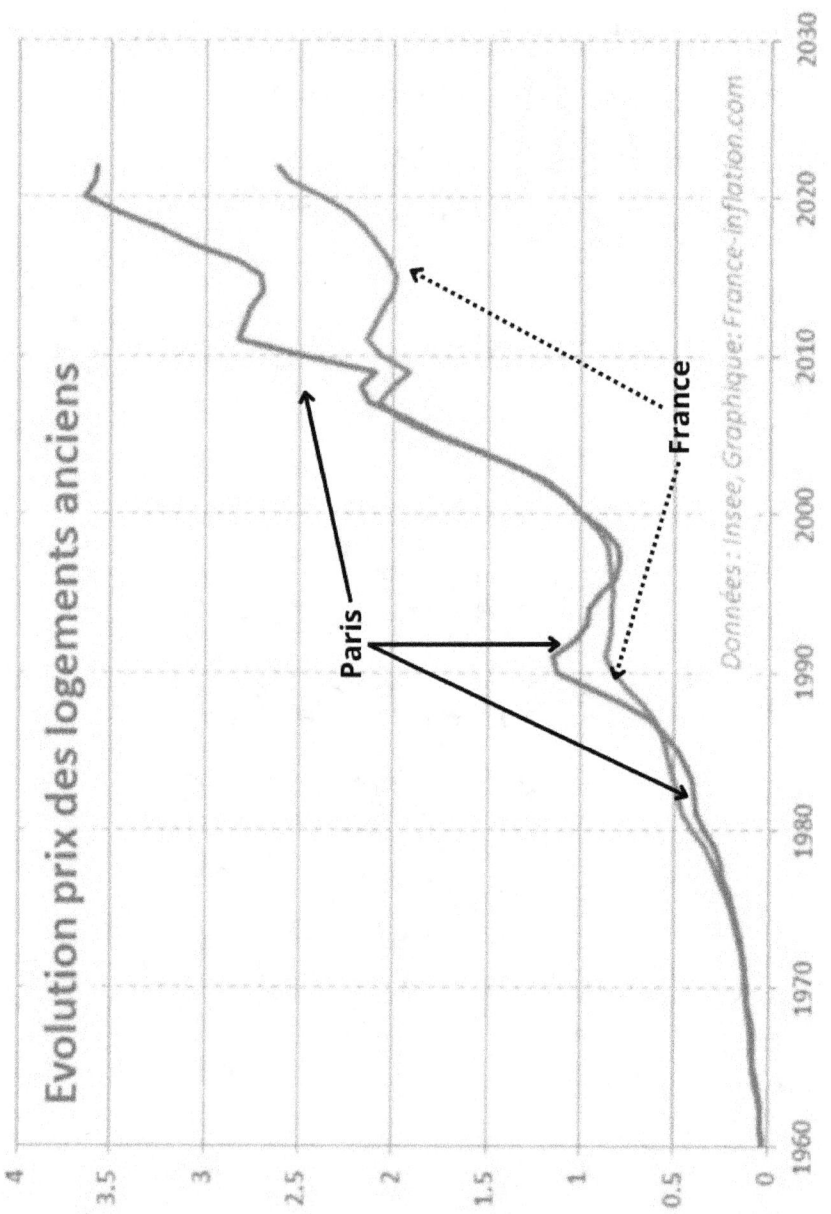

Evolution prix des logements anciens

Paris

France

Données : Insee, Graphique: France-inflation.com

Les performances passées ne préjugent pas des performances futures

"90% des millionnaires le sont devenus en possédant de l'immobilier." - Andrew CARNEGIE.

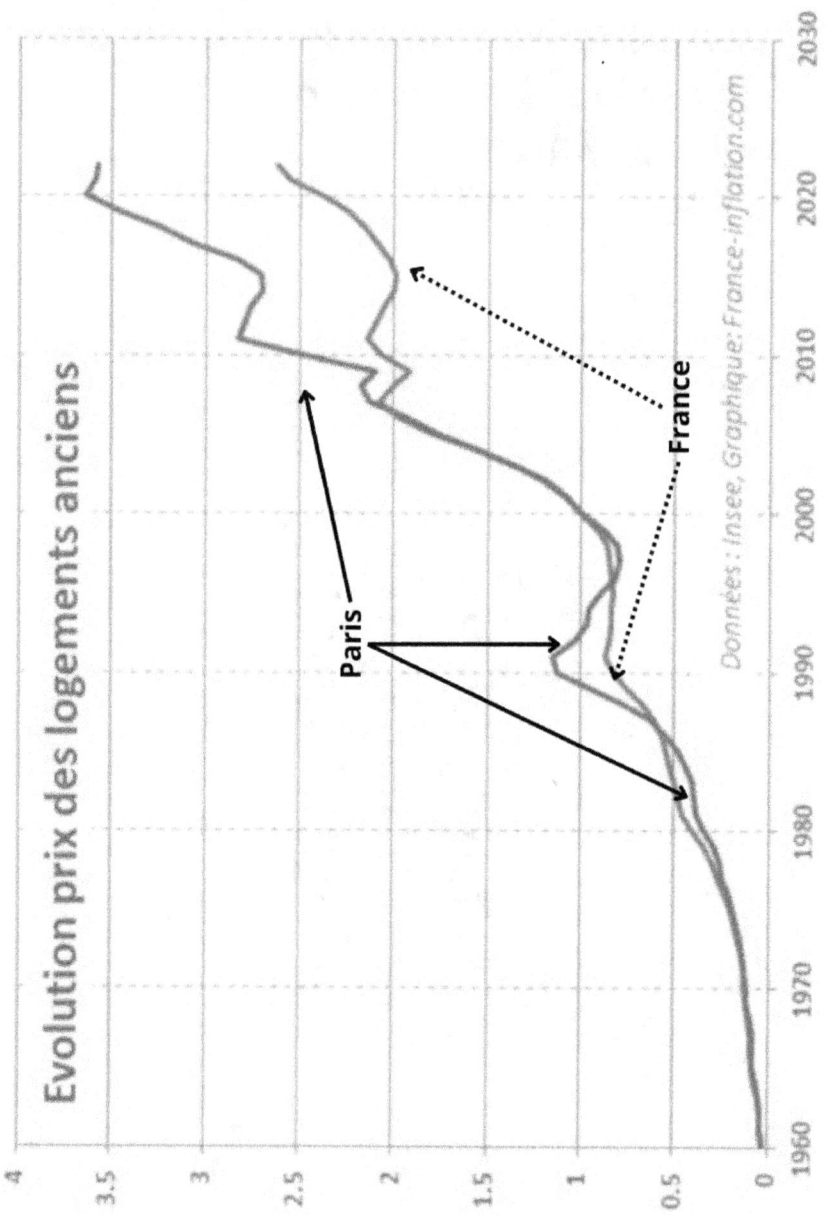

Les performances passées ne préjugent pas des performances futures

"L'investissement immobilier, même à très petite échelle, reste un moyen éprouvé de construire le flux de trésorerie et la richesse d'un individu." - Robert KIYOSAKI.

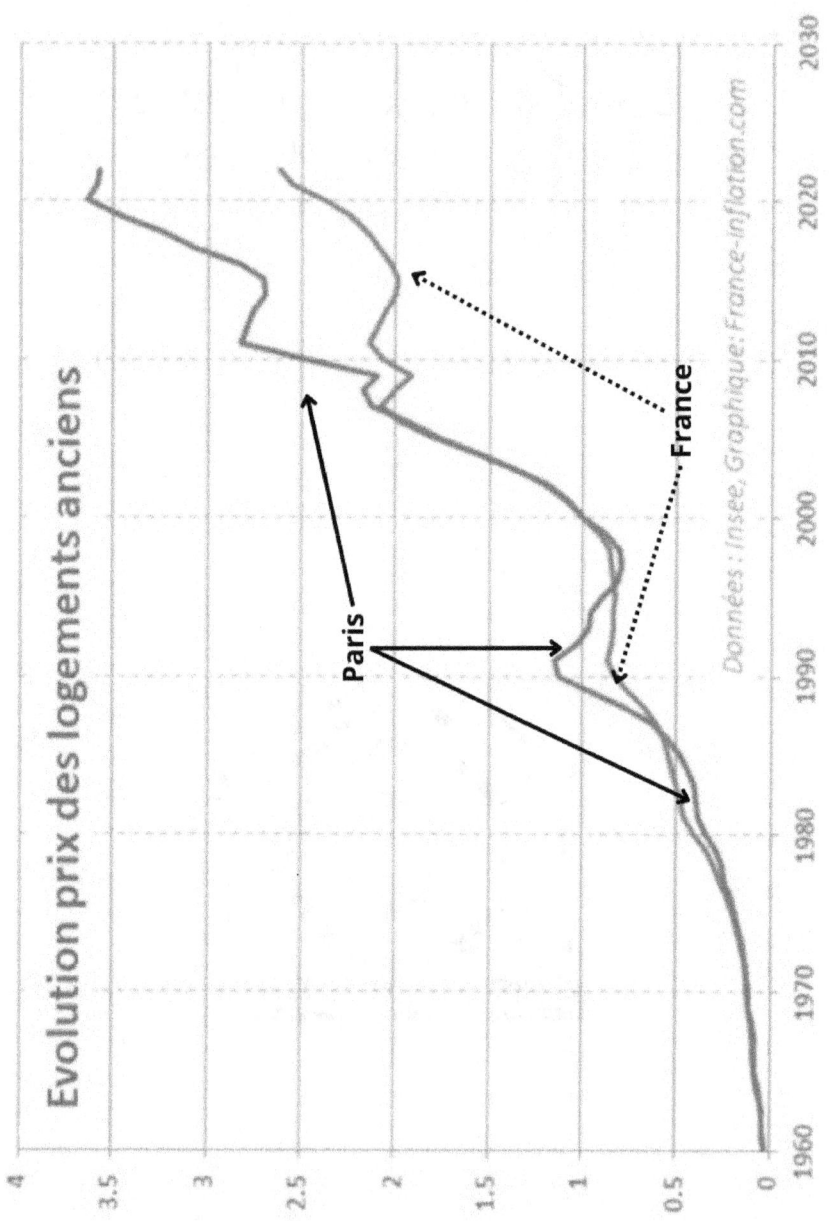

Evolution prix des logements anciens

Paris

France

Données : Insee, Graphique: France-inflation.com

Les performances passées ne préjugent pas des performances futures

CHAPITRE 3 : COMMENCER A INVESTIR

"N'attendez pas pour acheter l'immobilier, achetez l'immobilier et attendez." - T. Harv EKER.

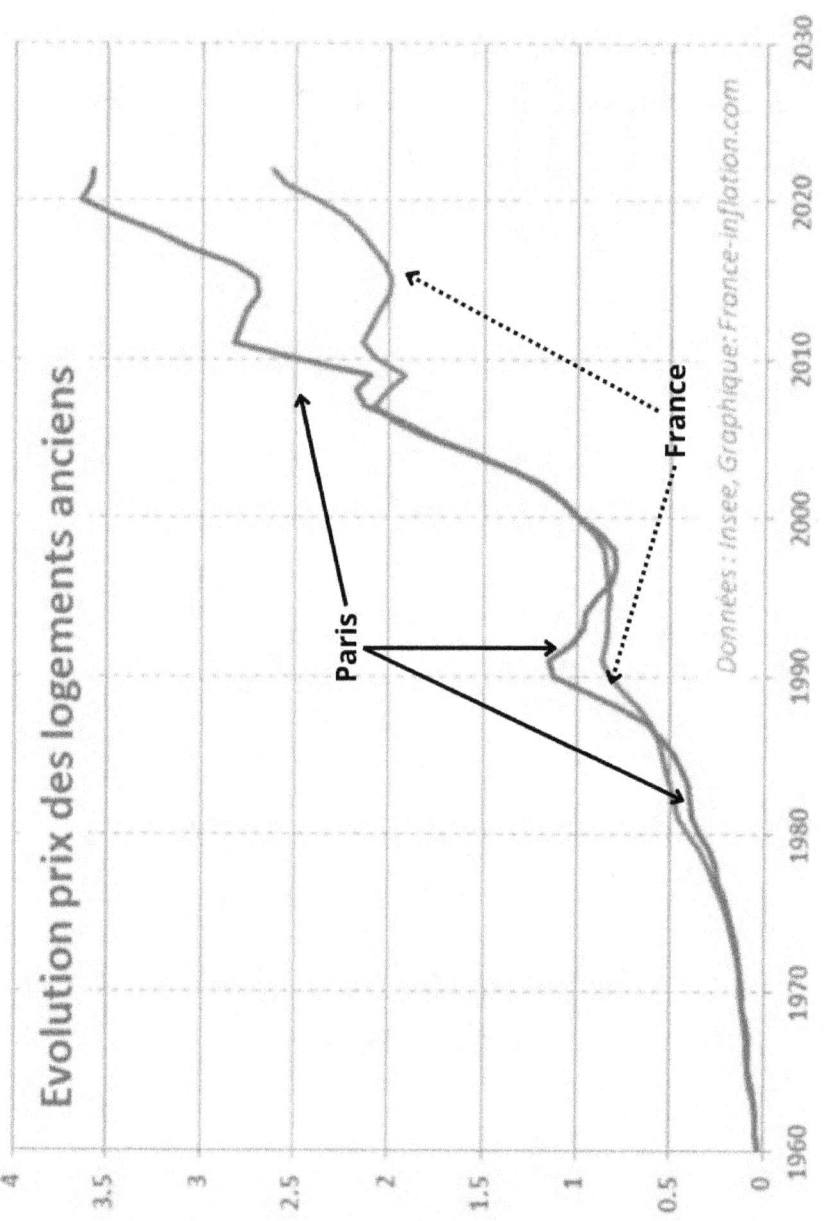

Evolution prix des logements anciens

Paris

France

Données : Insee, Graphique : France-inflation.com

Les performances passées ne préjugent pas des performances futures

"Le jeune salarié "sage" d'aujourd'hui investit son argent dans l'immobilier." - Andrew CARNEGIE.

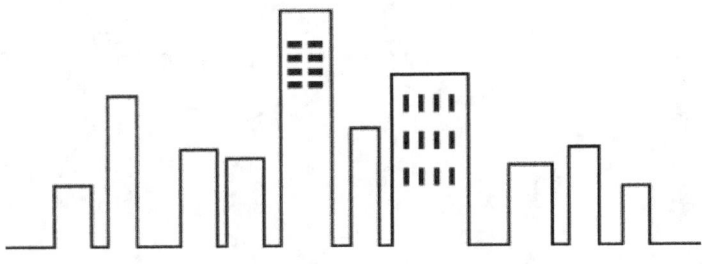

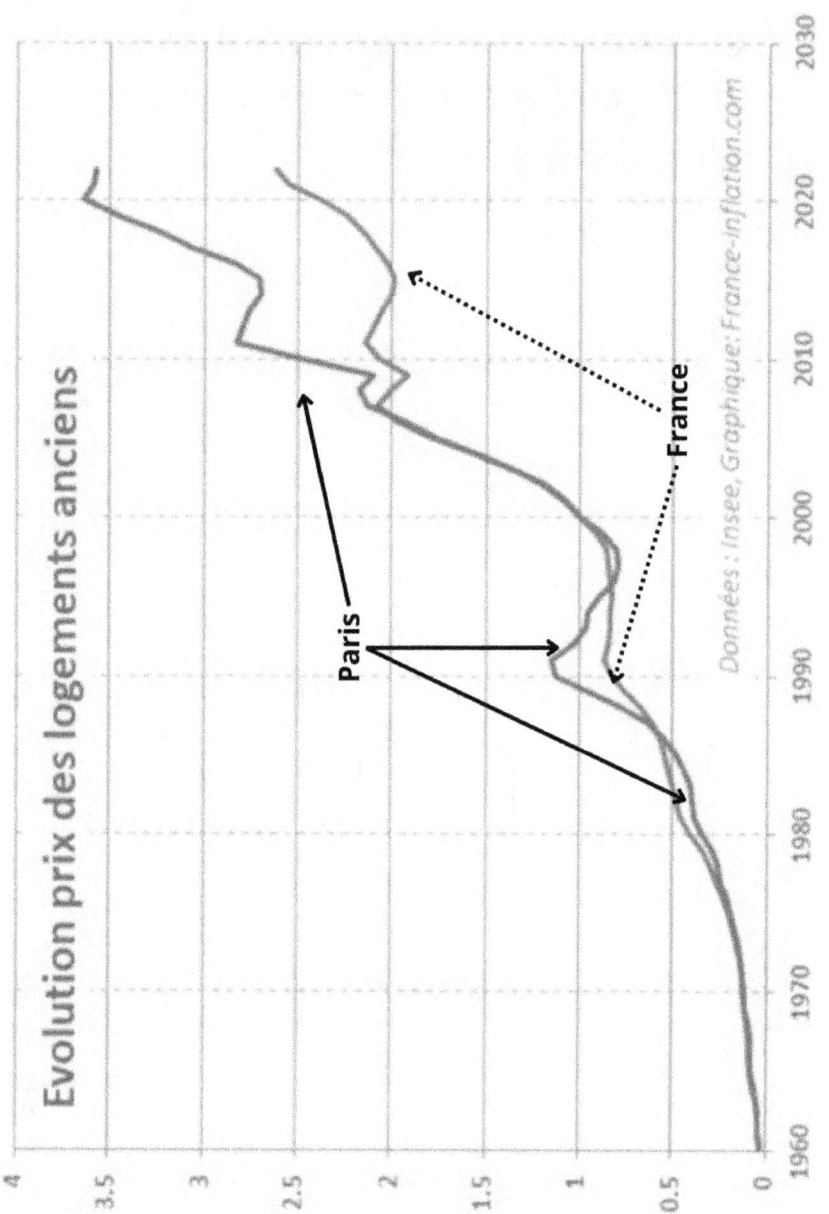

Evolution prix des logements anciens

Paris

France

Données : Insee, Graphique: France-inflation.com

Les performances passées ne préjugent pas des performances futures

"Acheter de l'immobilier n'est pas seulement le meilleur moyen, le moyen le plus rapide, le moyen le plus sûr, mais également la seule façon de devenir riche." - Marshall FIELD.

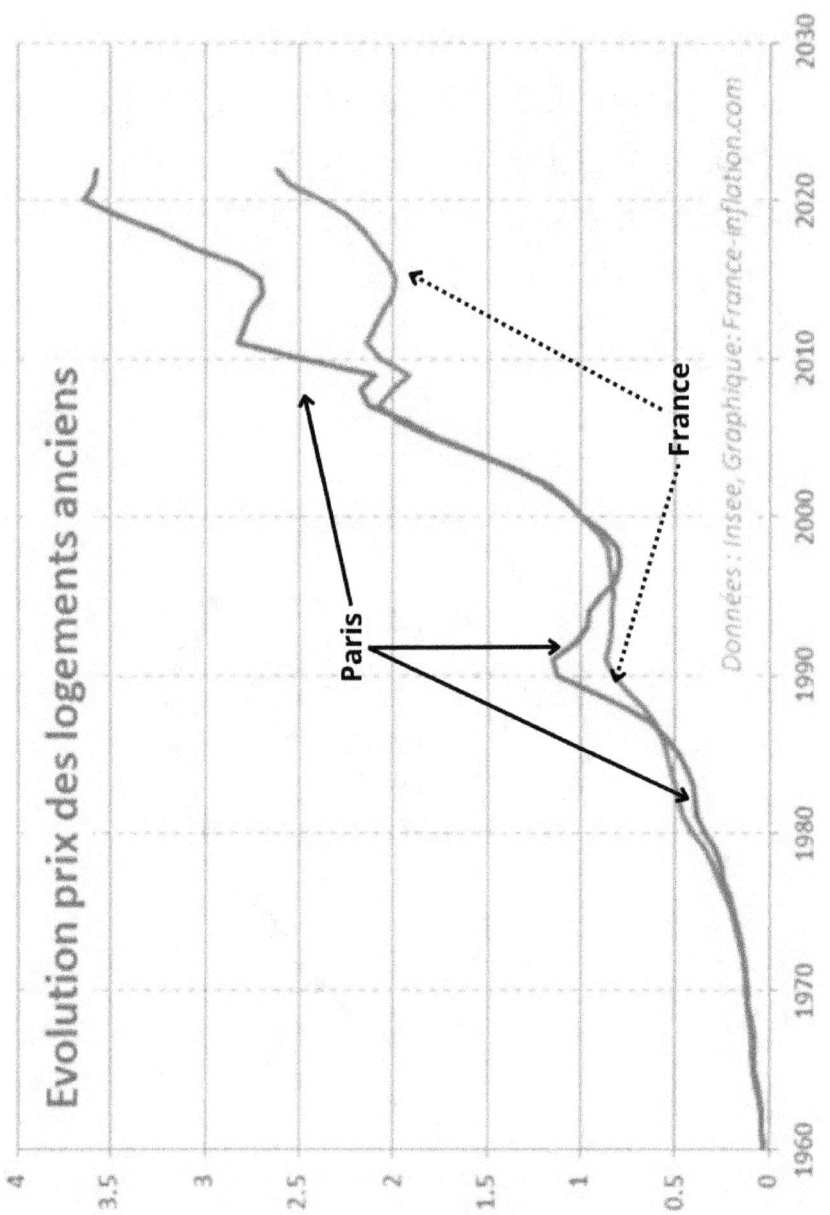

Les performances passées ne préjugent pas des performances futures

CHAPITRE 4 : LA SECURITE ET LA STABILITE DE L'IMMOBILIER

"L'immobilier ne peut pas être perdu ou volé, et il ne peut pas être emporté. Acheté avec bon sens, payé en totalité et géré avec raison, il est le placement le plus sûr du monde." - Franklin ROOSEVELT.

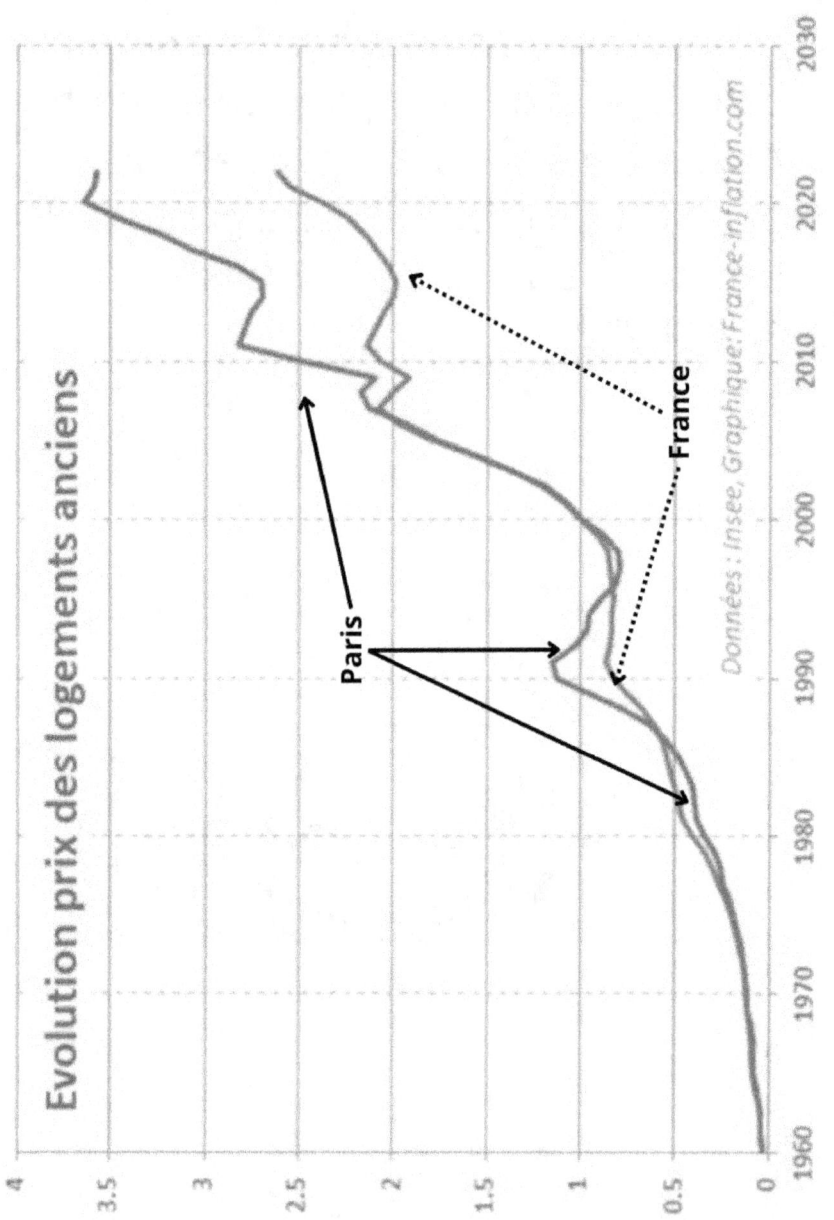

Evolution prix des logements anciens

Données : Insee, Graphique : France-inflation.com

Paris

France

Les performances passées ne préjugent pas des performances futures

"Posséder une maison est un pilier de la richesse. Cela apporte à la fois la richesse financière et de la sécurité émotionnelle." - Suze ORMAN.

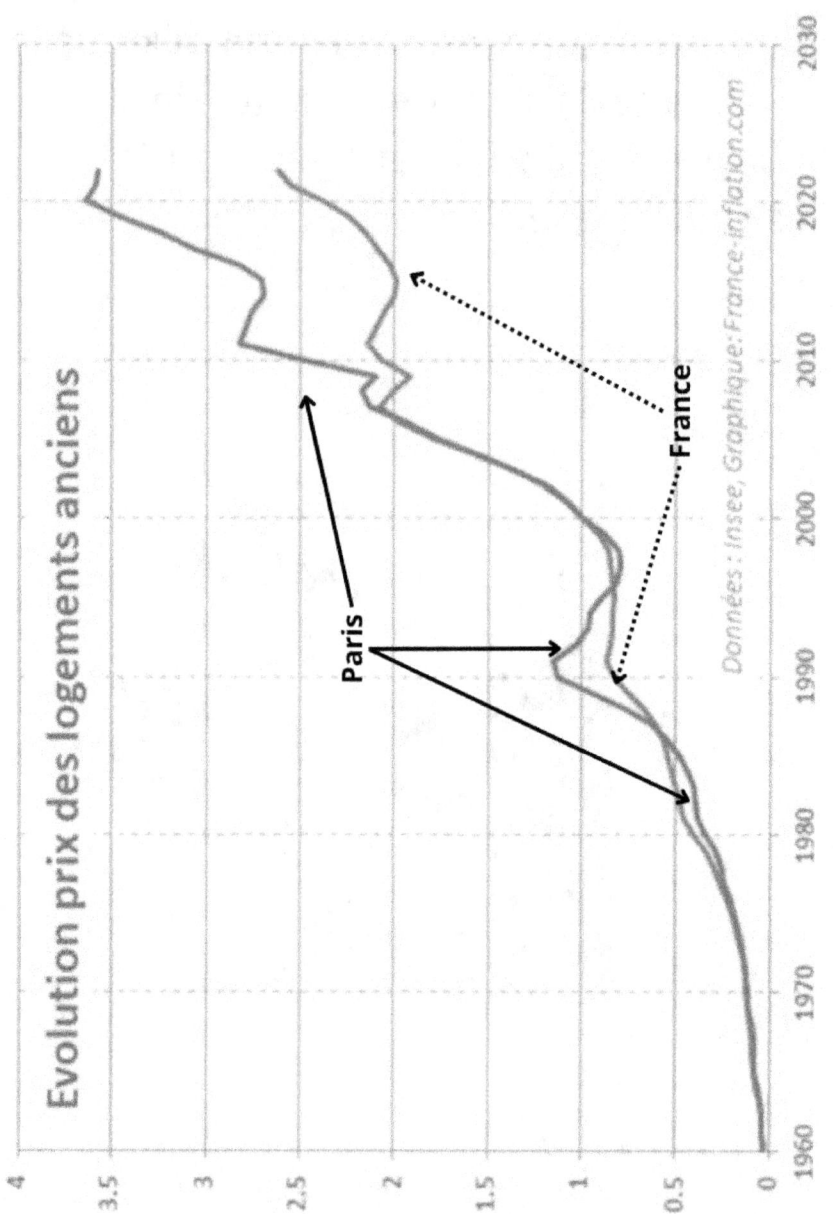

Evolution prix des logements anciens

Données : Insee, Graphique : France-inflation.com

Les performances passées ne préjugent pas des performances futures

"Les propriétaires deviennent riches pendant leur sommeil." - John Stuart MILL.

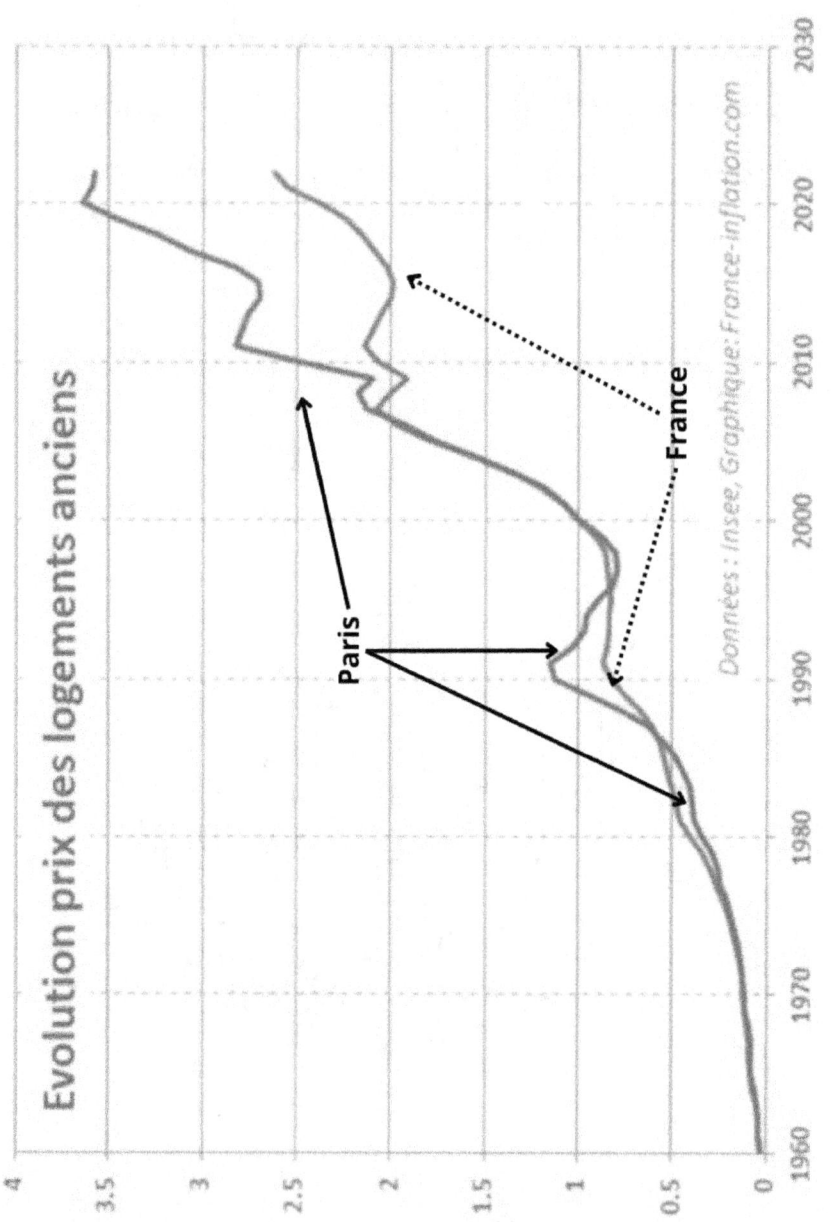

Les performances passées ne préjugent pas des performances futures

CHAPITRE 5 : LA SAGESSE ET LA REFLEXION DANS L'INVESTISSEMENT

"Price is what you pay, Value is what you get." - Warren Buffet.

"Le prix est ce que vous payez, la valeur est ce que vous obtenez." - Warren Buffet.

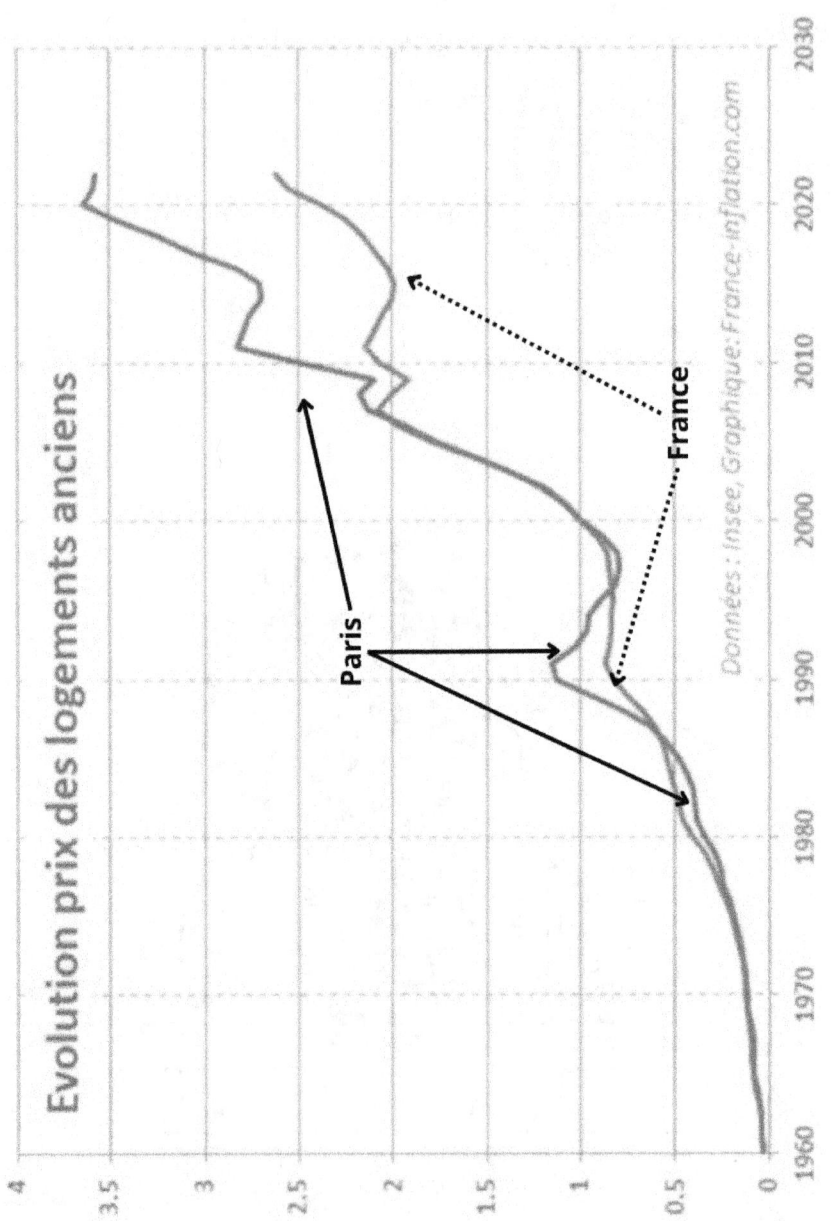

Evolution prix des logements anciens

Données : Insee, Graphique : France-inflation.com

Paris

France

Les performances passées ne préjugent pas des performances futures

"Le plus grand investissement que vous puissiez faire est d'investir en vous-même." - Warren Buffett.

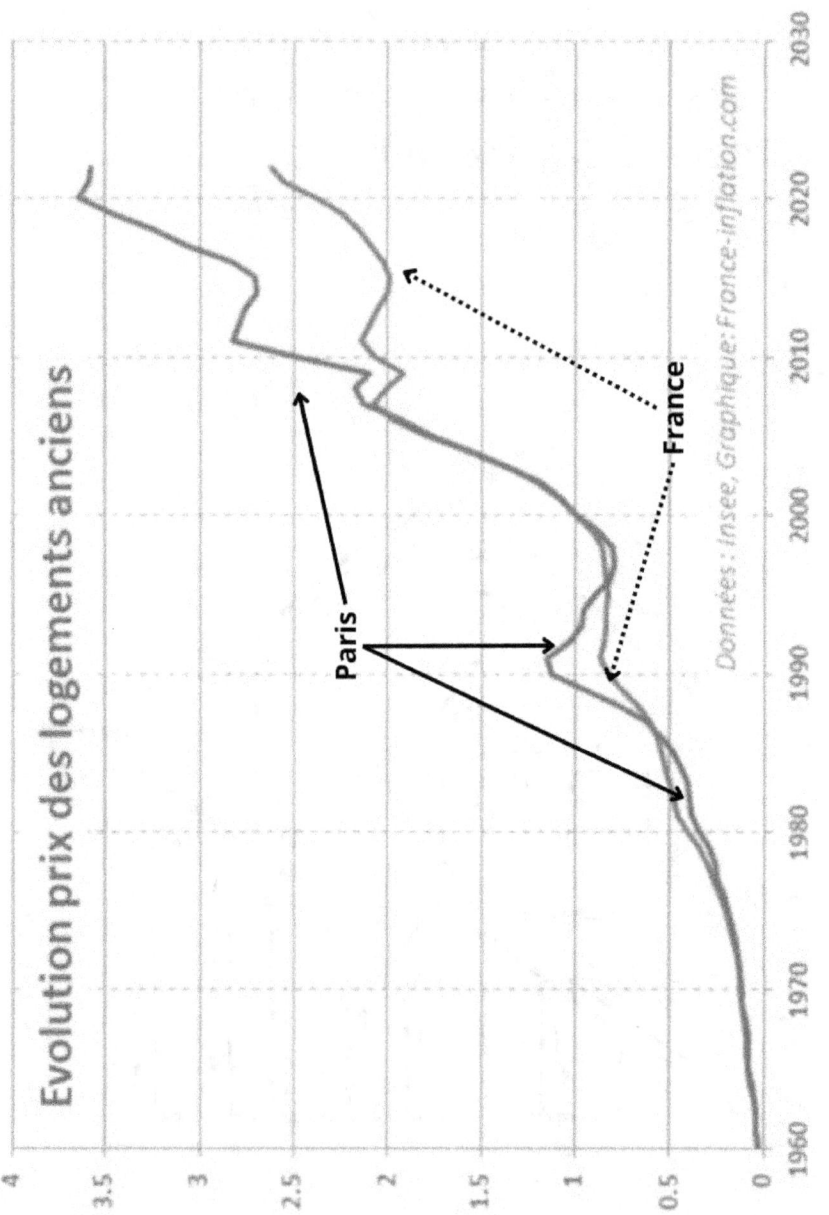

Evolution prix des logements anciens

Données : Insee, Graphique : France-inflation.com

Paris

France

Les performances passées ne préjugent pas des performances futures

"La réussite, c'est d'abord et surtout d'être au travail quand les autres vont à la pêche." - Citation anonyme.

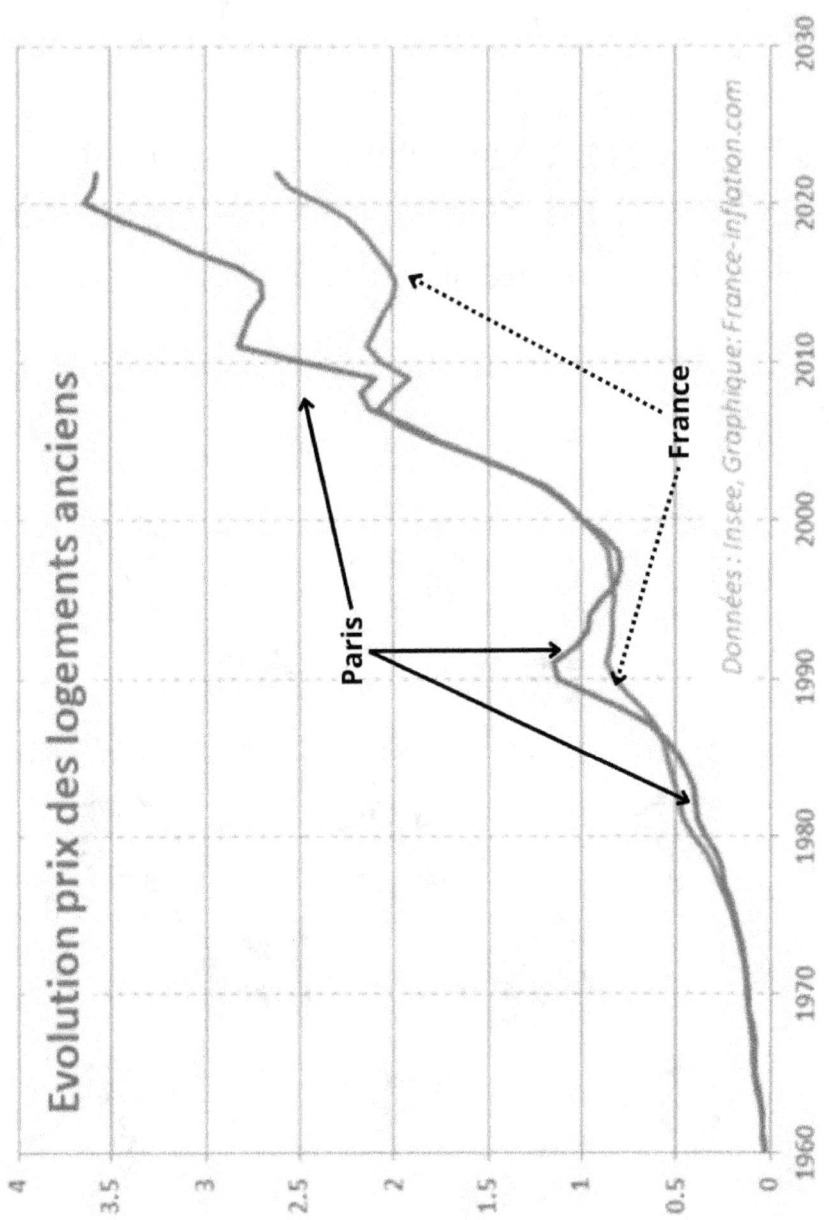

Evolution prix des logements anciens

Paris

France

Données : Insee, Graphique : France-inflation.com

Les performances passées ne préjugent pas des performances futures

CHAPITRE 6 : L'ACTION ET LA CREATION D'OPPORTUNITES

"La meilleure façon de prédire votre avenir est de le créer." - Abraham Lincoln.

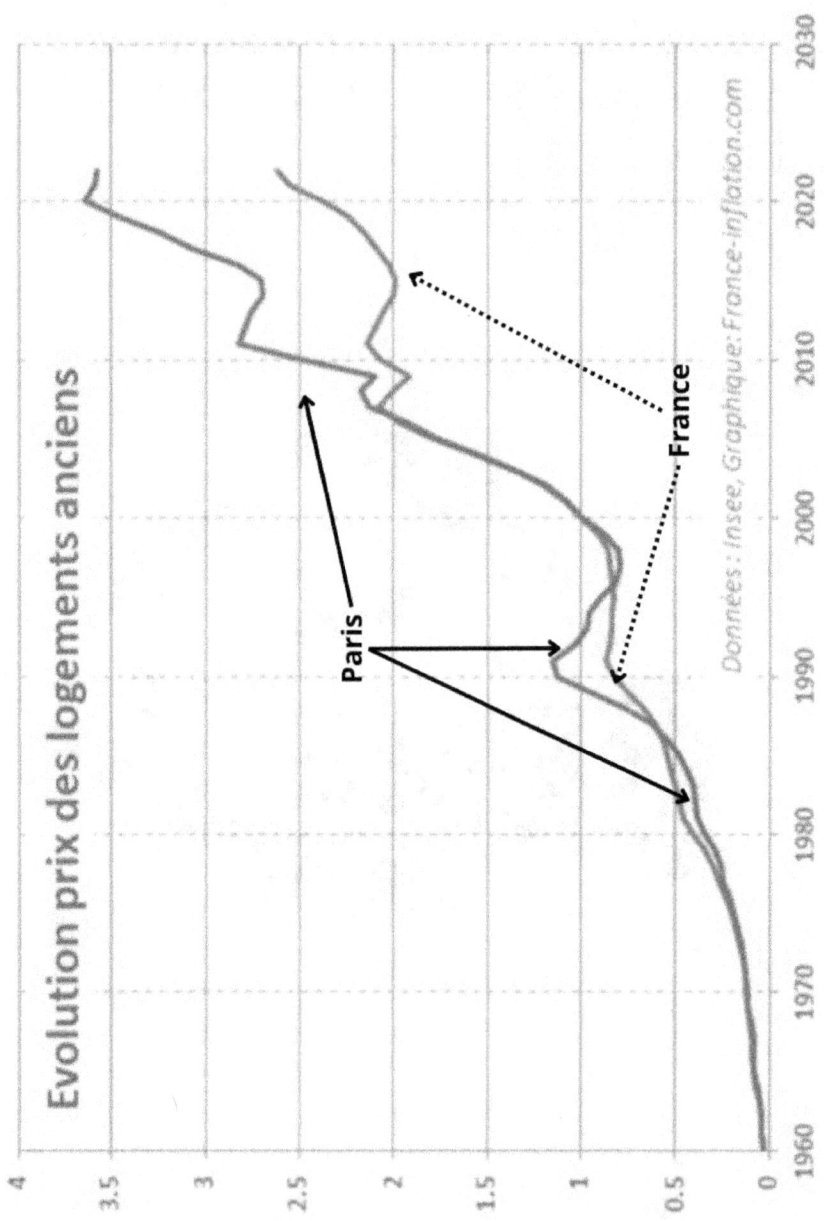

Evolution prix des logements anciens

Paris

France

Données : Insee, Graphique : France-inflation.com

Les performances passées ne préjugent pas des performances futures

"Ne cherchez pas l'opportunité. Créez-la." - George Bernard Shaw.

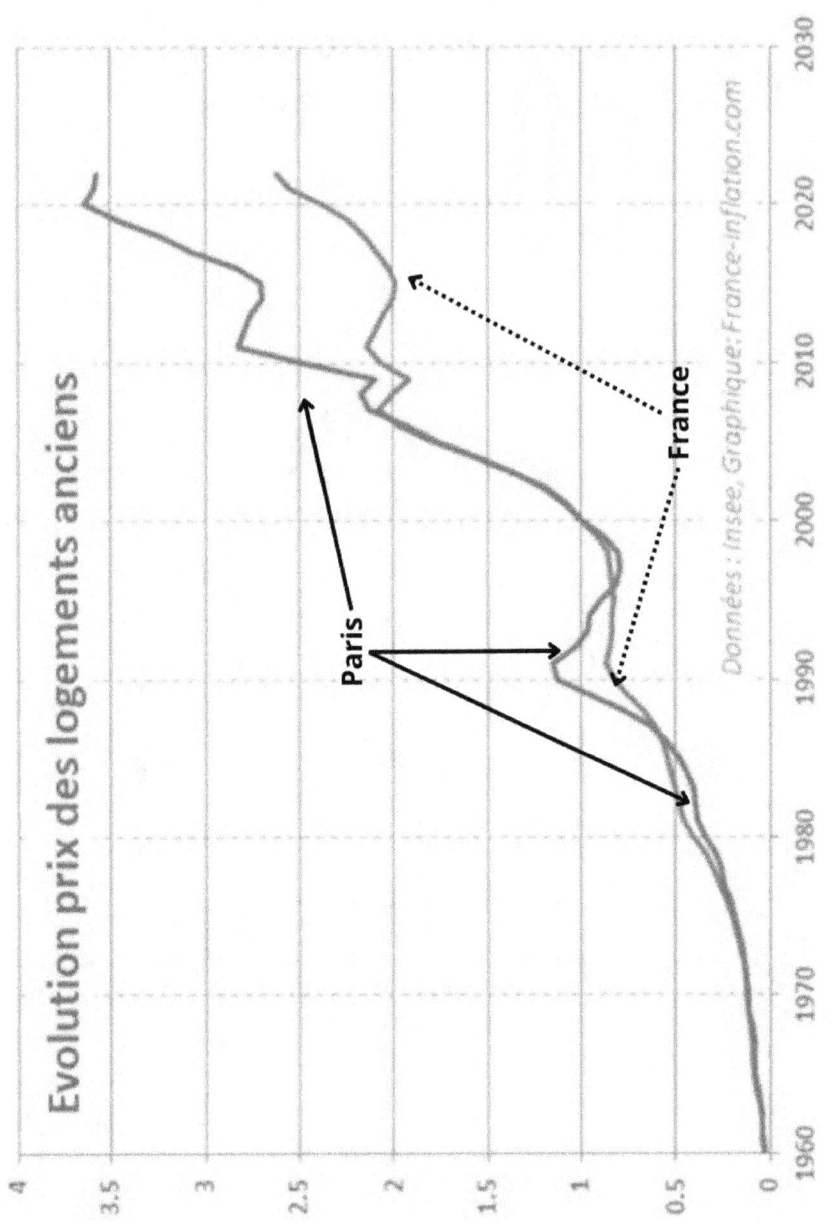

Les performances passées ne préjugent pas des performances futures

"Passez à l'action maintenant, devenez investisseur immobilier."

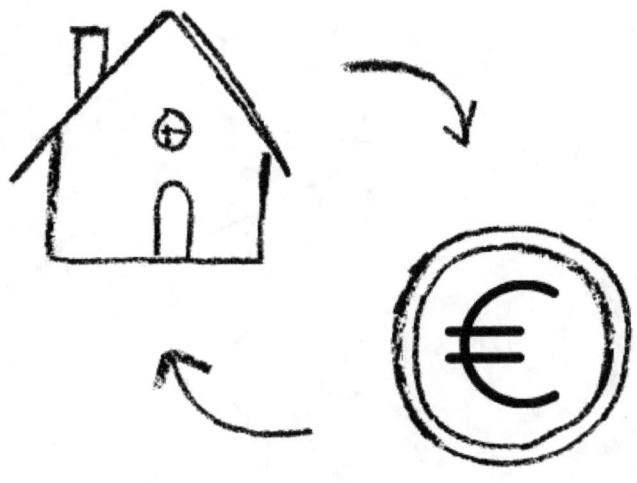

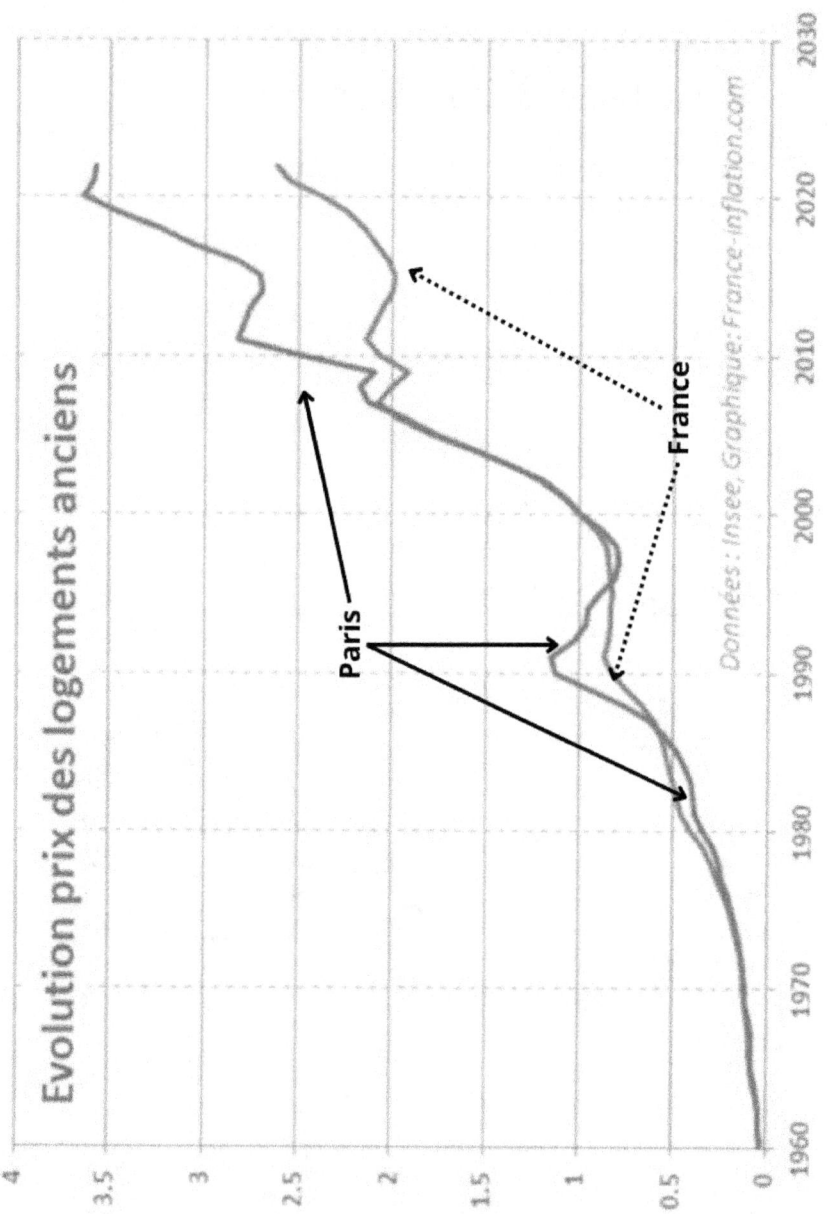

Evolution prix des logements anciens

Données : Insee, Graphique : France-inflation.com

Les performances passées ne préjugent pas des performances futures

CHAPITRE 7 : REFLEXIONS DIVERSES SUR L'IMMOBILIER

"Les plus grandes fortunes en Amérique ont été réalisées dans la terre." - John ROCKEFELLER.

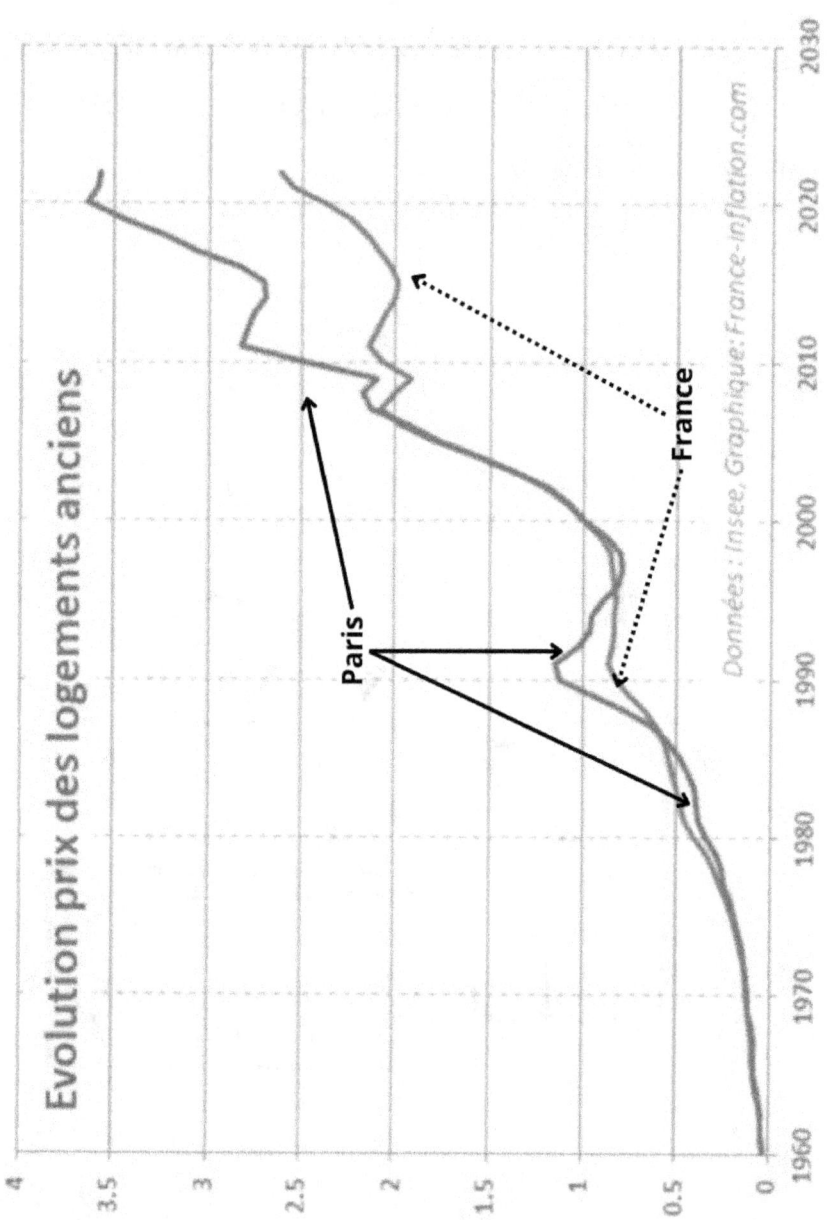

Evolution prix des logements anciens

Données : Insee, Graphique : France-inflation.com

Les performances passées ne préjugent pas des performances futures

"Toute personne qui investit dans un bien immobilier attentivement sélectionné, dans un quartier en croissance d'une ville prospère, adopte la méthode la plus sûre pour devenir indépendant financièrement, parce que l'immobilier est à la base de la richesse." - Franklin ROOSEVELT.

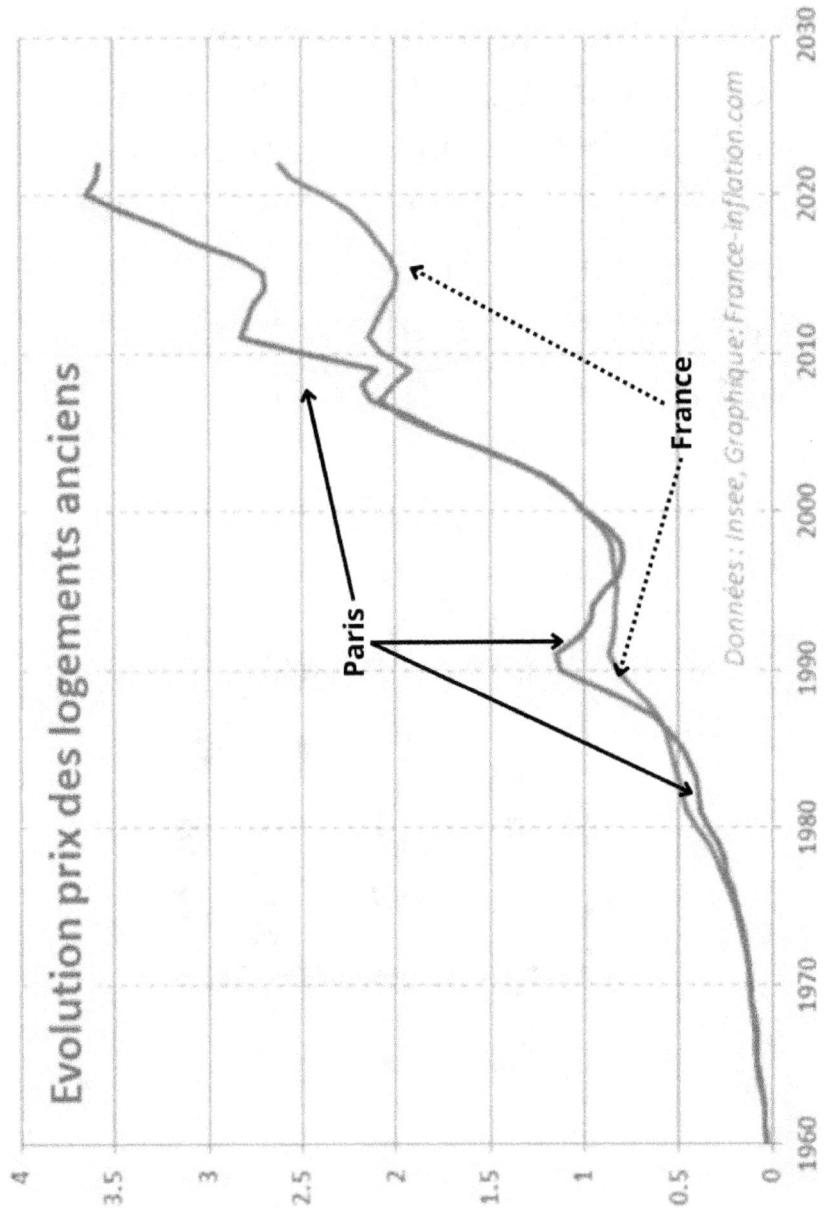

Evolution prix des logements anciens

Paris

France

Données : Insee, Graphique: France-inflation.com

Les performances passées ne préjugent pas des performances futures

"C'est un sentiment confortable de savoir que vous êtes sur votre propre terrain. La terre est quasiment la seule chose qui ne peut s'envoler." - Anthony TROLLOPE.

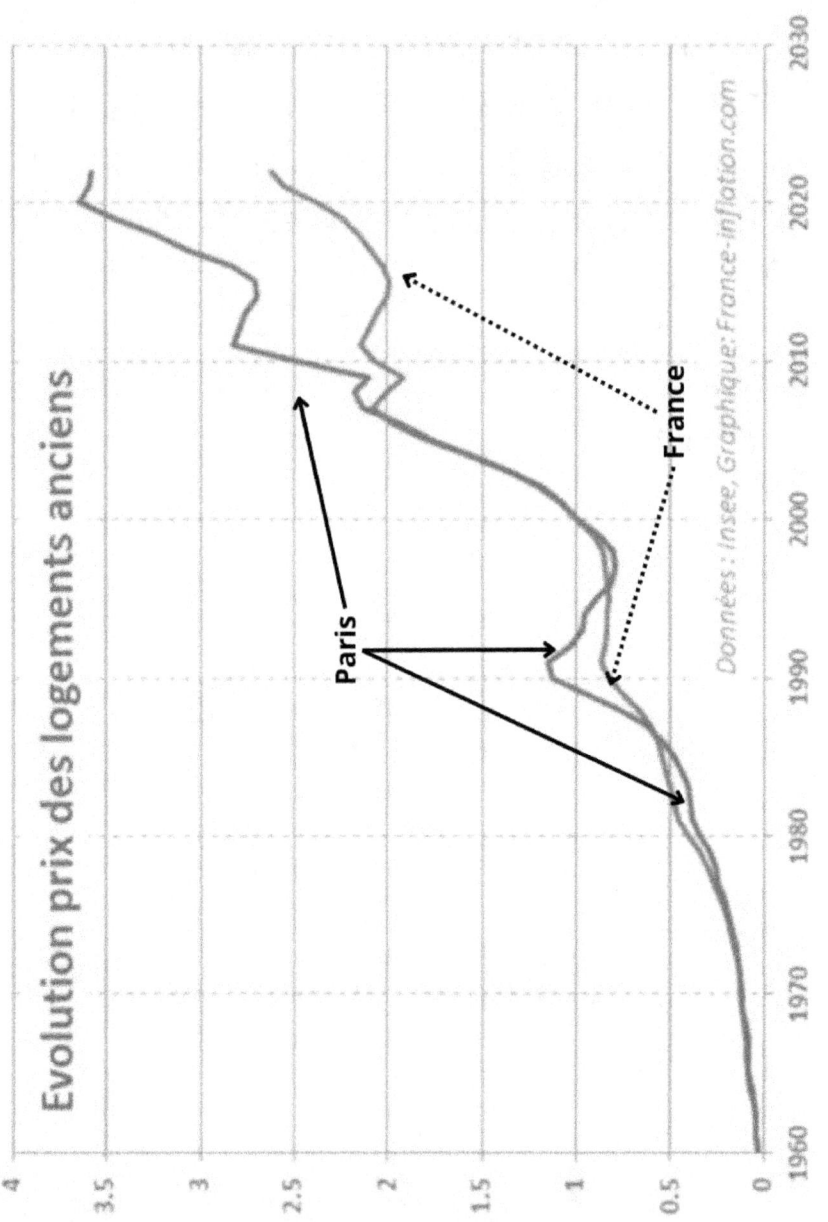

Evolution prix des logements anciens

Paris

France

Données : Insee, Graphique : France-inflation.com

Les performances passées ne préjugent pas des performances futures

CONCLUSION : PENSÉES FINALES ET INSPIRATIONS

"Pour un client, la première impression est toujours la bonne, surtout si elle est mauvaise." - Michael Aguilar.

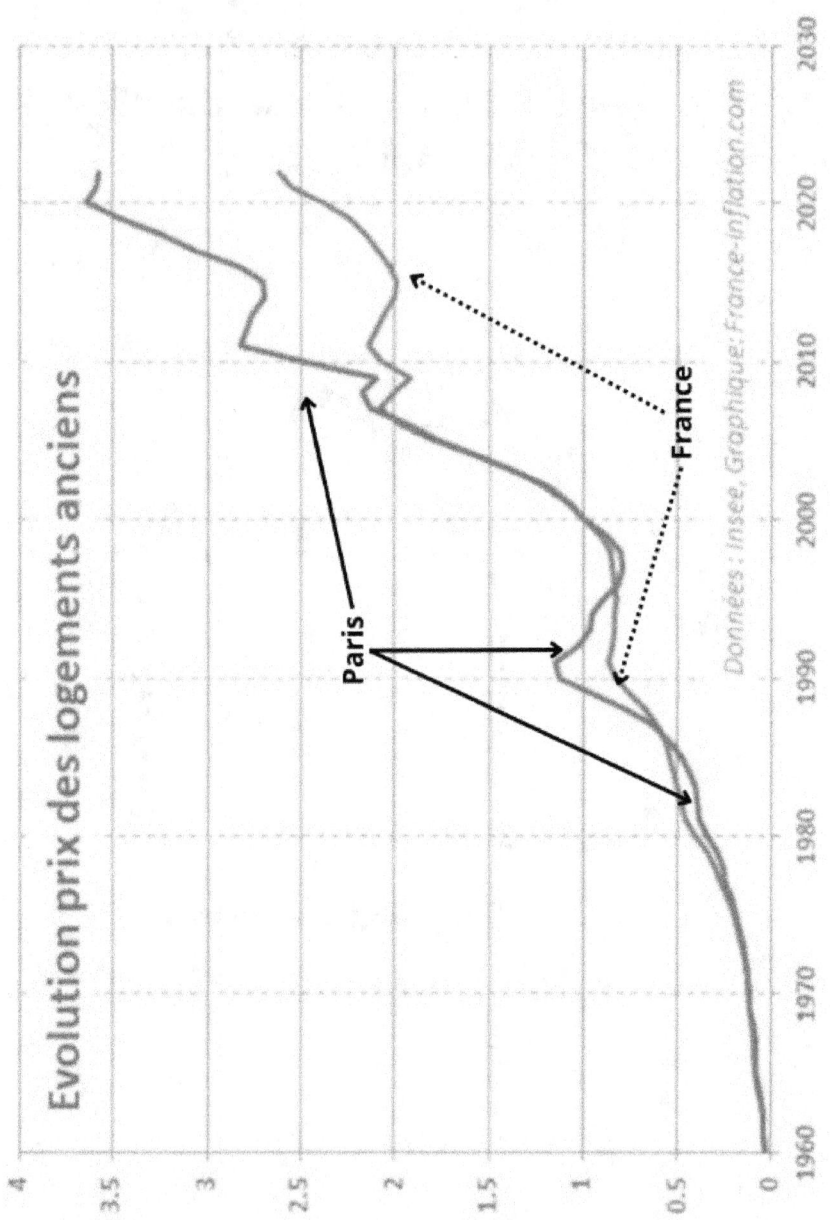

Evolution prix des logements anciens

Paris

France

Données : Insee. Graphique : France-inflation.com

Les performances passées ne préjugent pas des performances futures

"L'immobilier est le coût clé des détaillants physiques. C'est pourquoi comme le dit l'adage : emplacement, emplacement, emplacement." - Jeff BEZOS.

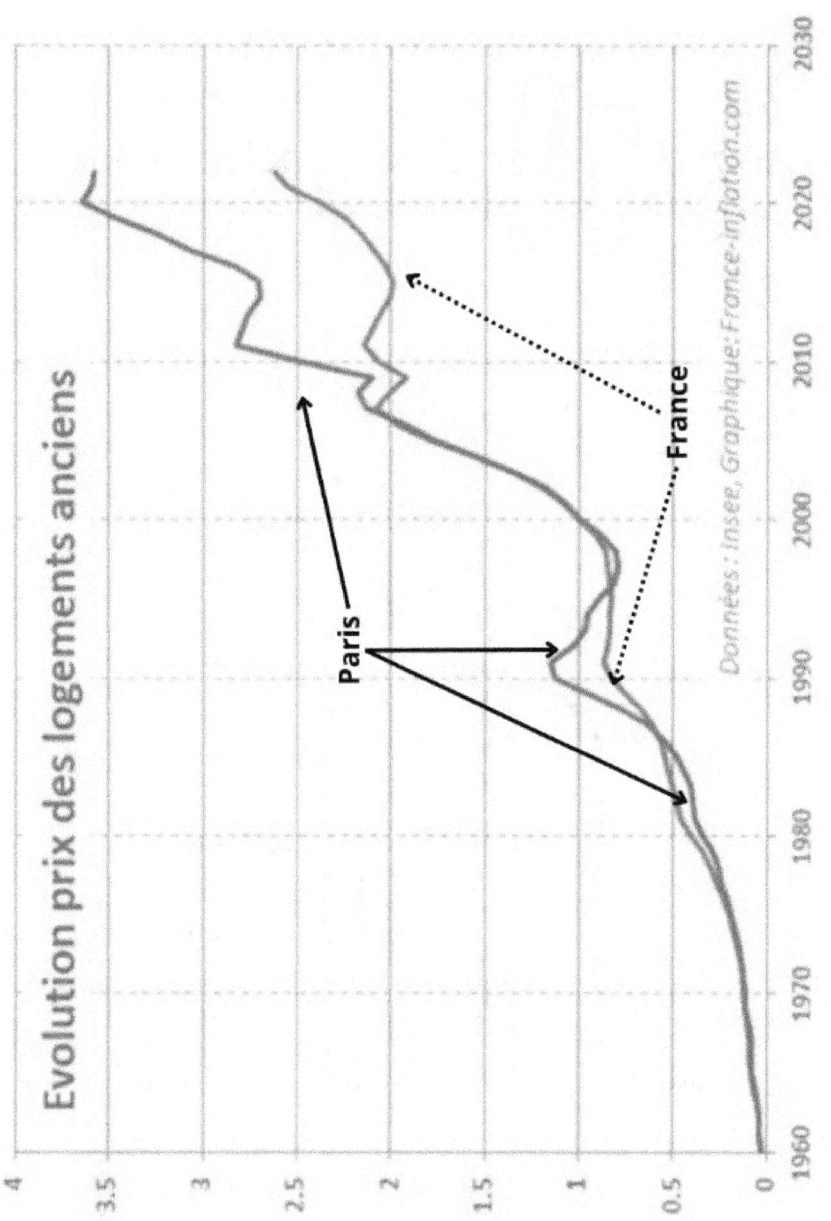

Evolution prix des logements anciens

Paris

France

Données : Insee, Graphique : France-inflation.com

Les performances passées ne préjugent pas des performances futures

"Les propriétaires s'enrichissent de leur sommeil." - John Stuart Mill, philosophe et économiste politique anglais.

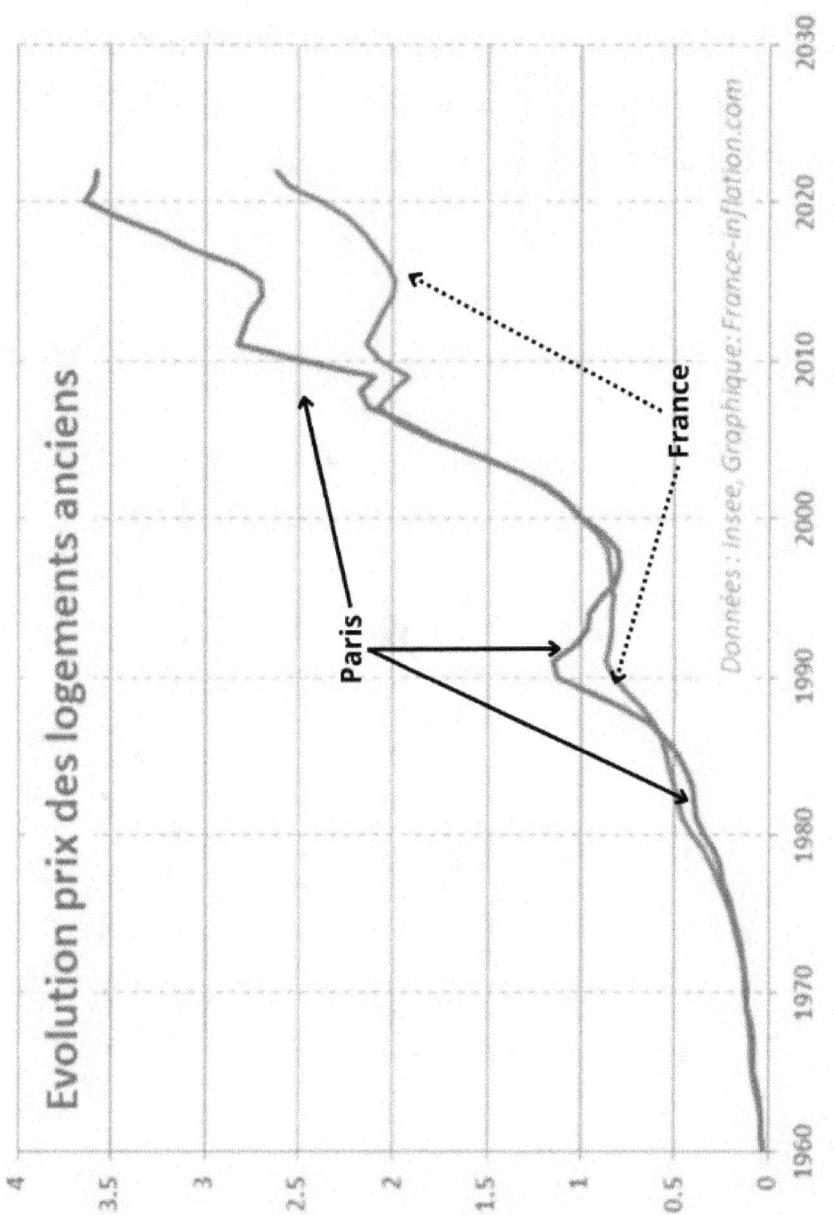

Les performances passées ne préjugent pas des performances futures

CITATIONS ADDITIONNELLES

"Il n'est pas nécessaire d'être trop brillant pour se lancer dans l'immobilier." - David Lichtenstein, PDG du groupe Lightstone.

"Le marché immobilier ne se soucie pas de vos sentiments." - Eric Simon, l'agent fauché.

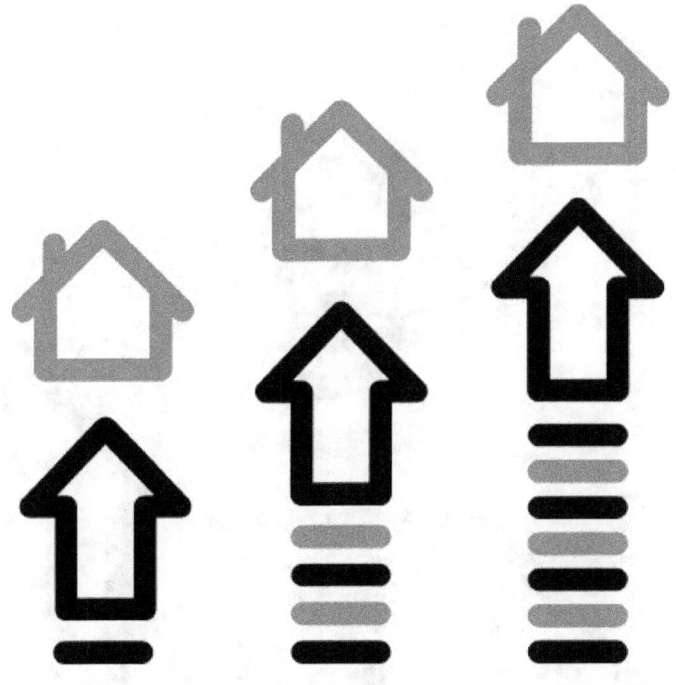

"Pour un client, la première impression est toujours la bonne, surtout si elle est mauvaise." - Michael Aguilar, conférencier sur la vente.

"L'immobilier est universel, car, comme le déclare Sarah Beeny, entrepreneuse anglaise, tout le monde souhaite avoir un toit."

"L'immobilier est le coût clé des détaillants physiques. C'est pourquoi comme le dit Jeff Bezos, votre marque est ce que les gens disent de vous lorsque vous n'êtes pas dans la pièce." - Auteur Inconnu.

"L'investissement immobilier est plus qu'un simple achat. C'est une opportunité de croissance personnelle et de création de richesse." - Auteur Inconnu.

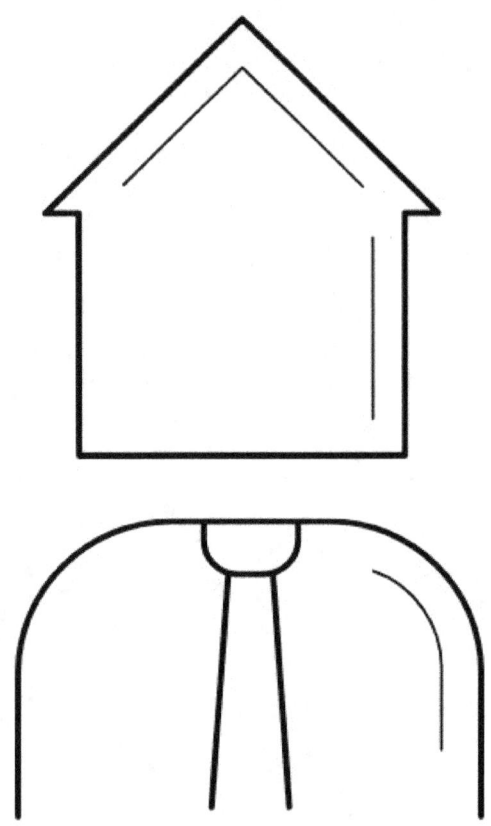

"Le succès dans l'investissement immobilier nécessite la capacité de prendre des risques calculés et de s'engager dans une croissance personnelle continue." - Auteur Inconnu.

"Les meilleures stratégies d'investissement immobilier sont celles qui tiennent compte à la fois des aspects financiers et du développement personnel de l'investisseur." - Auteur Inconnu.

"L'investissement immobilier offre non seulement des opportunités financières, mais aussi la possibilité de développer vos compétences en négociation, en gestion et en communication." - Auteur Inconnu.

"L'immobilier est un terrain fertile pour la croissance personnelle. Chaque transaction est une leçon et chaque défi est une occasion d'apprendre et de s'améliorer." - Auteur Inconnu.

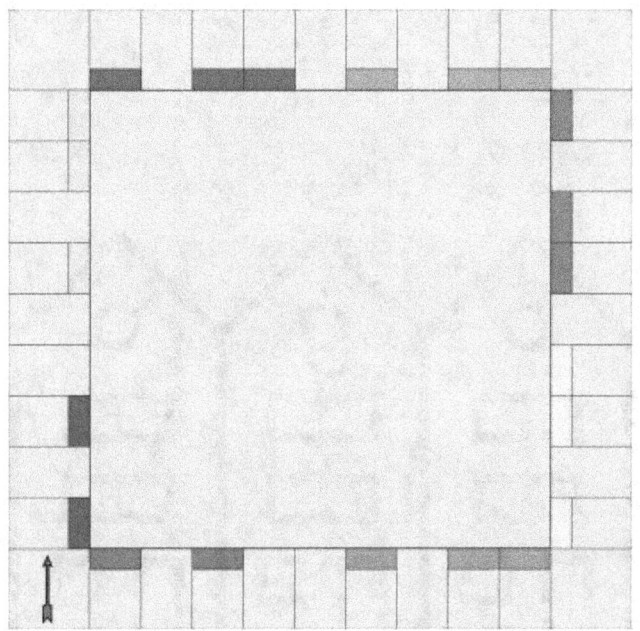

"Le développement personnel est le fondement sur lequel repose l'édifice de l'investissement immobilier réussi. Plus vous investissez dans votre propre croissance, plus vous verrez les résultats dans vos investissements." - Auteur Inconnu.

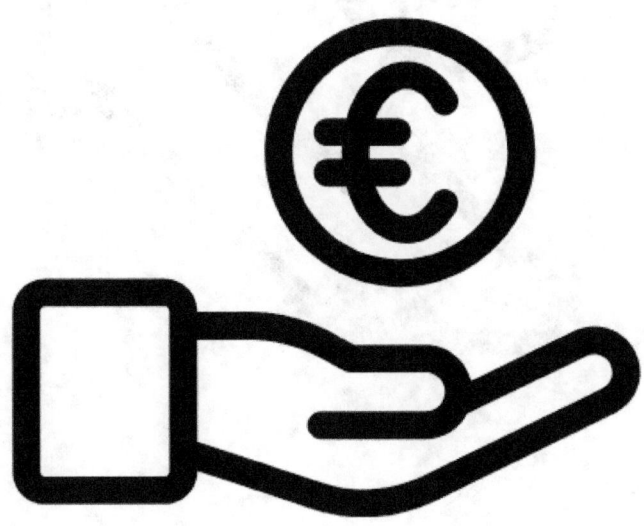

« Devenir propriétaire, c'est posséder les porte-clés qui portent toutes les clés. » - Claude-May Waia Nemia.

« Croyez en vos rêves et ils se réaliseront peut-être. Croyez en vous et ils se réaliseront sûrement. » - Martin Luther King.

« Pour un homme bâtir sa maison, c'est naître une deuxième fois. » - Roch Carrier.

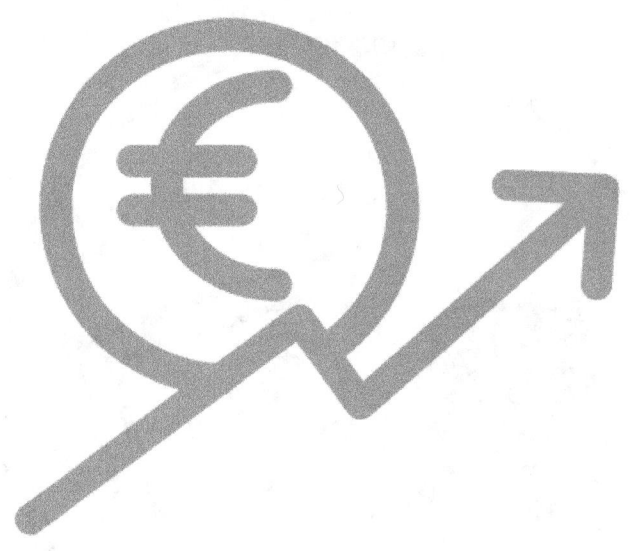

« Je considère l'immobilier comme l'occasion la plus intrigante que j'ai vu dans ma vie d'entrepreneur. » - Richard Rainwater.

« Un petit chez soi vaut mieux qu'un grand chez les autres. » - Proverbe français.

« My friends are my estate. » - Emily Dickinson.

« L'ornement d'une maison ce sont les amis qui la fréquentent. » - Ralph Waldo Emerson.

"Apprenez à investir dans l'immobilier."

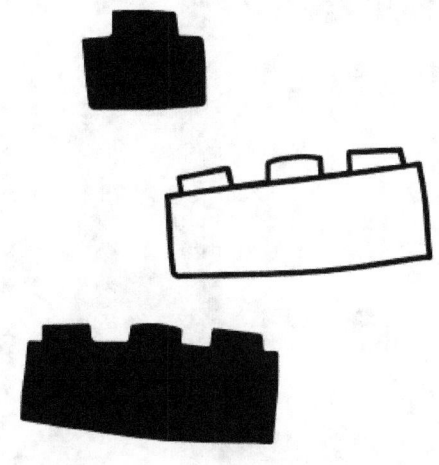

"Devenez enfin investisseur immobilier."

"Ton empire immobilier est une entreprise."

"N'apporte aucune émotion, seuls les chiffres comptent."

"Offre un service de qualité."

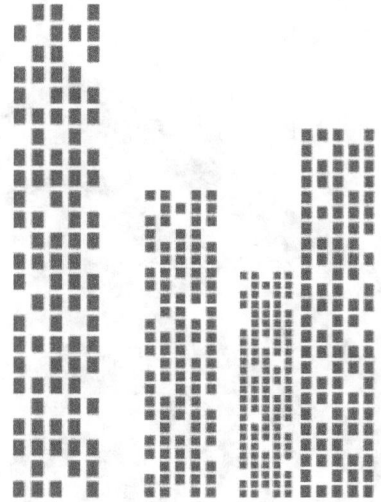

"Prends soin de tes locataires comme s'ils étaient des clients à fidéliser."

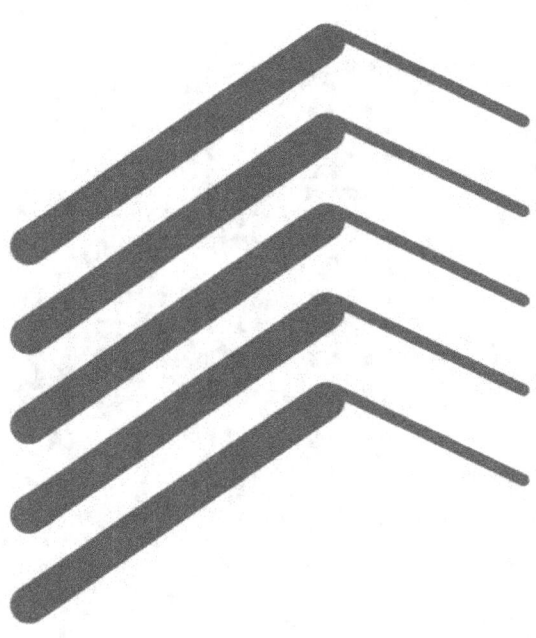

"Investir dans l'immobilier (même sans argent)."

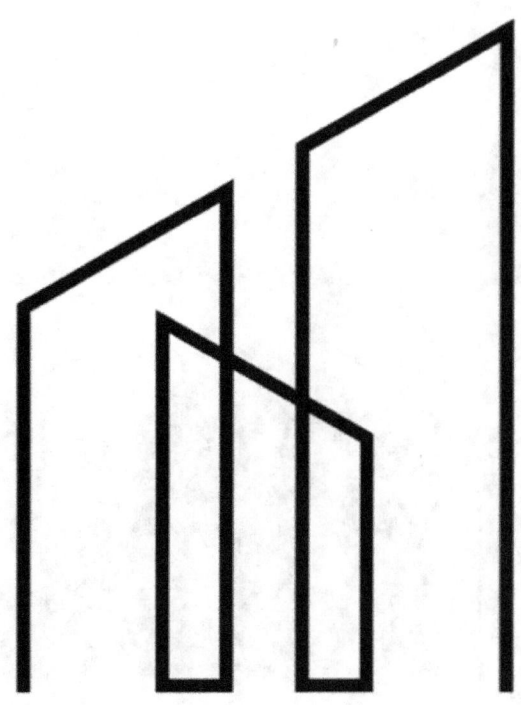

"Définir son projet immobilier (lieu, appart' ou maison, nombre de pièces, avec ou sans travaux, accessibilité...)."

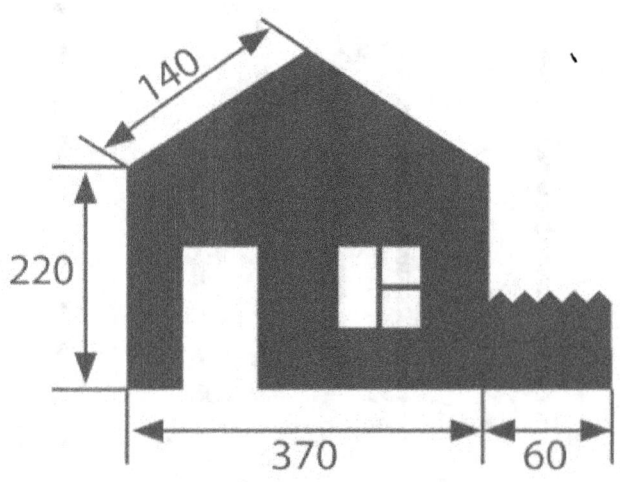

"L'investissement immobilier permet de gagner plus d'argent sans pour autant y consacrer énormément de temps."

"Un investisseur immobilier apprend de ses erreurs, un investisseur très intelligent apprend des erreurs des autres."

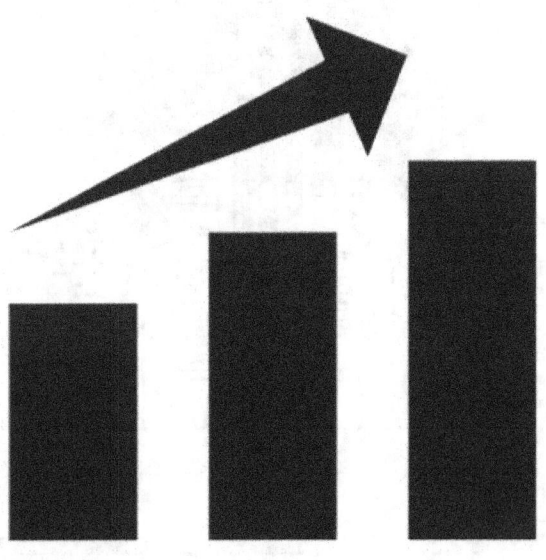

"Je ne crois pas que l'État me versera une retraite... du coup, je prépare la mienne en investissant dans l'immobilier."

"Immobilier : bâtir sa liberté financière et s'assurer une retraite (plus) confortable."

"Lorsque vous investissez, vous achetez une journée sans travailler." — Aya Laraya, fondatrice de PesosAndSense, professeur de finance d'entreprise et d'économie.

SIGNER L'ACTE AUTHENTIQUE DE VENTE CHEZ LE NOTAIRE

récupérer les clés du bien

BRAVO : VOUS ÊTES PROPRIÉTAIRE !

NOTES

A propos de l'auteur

Maxime Rocher est un investisseur immobilier passionné. Né et élevé à Paris, Maxime a développé très tôt un intérêt pour l'immobilier et la création de richesse durable.

Après avoir obtenu un diplôme en économie de la Sorbonne, Maxime a commencé sa carrière dans le secteur bancaire où il a acquis une compréhension profonde des mécanismes financiers et des opportunités d'investissement. Cependant, son désir d'indépendance et sa passion pour l'immobilier l'ont rapidement conduit à quitter le monde corporate pour se lancer dans l'investissement immobilier à plein temps.

Au cours des deux dernières décennies, Maxime a non seulement bâti un portefeuille immobilier impressionnant, mais il a également aidé des centaines de personnes à réaliser leurs rêves de liberté financière et de succès dans l'investissement immobilier. Son approche unique, qui mêle sagesse financière, stratégies d'investissement éprouvées et principes de développement personnel, a transformé la vie de nombreux aspirants investisseurs.

"Tais-toi et attends" est le reflet de l'expérience, de la perspicacité et de la philosophie de Maxime. À travers ce livre, il souhaite partager avec vous les leçons précieuses qu'il a apprises au cours de sa carrière, ainsi que les citations et les principes qui l'ont guidé vers le succès. Chaque page est conçue pour vous inspirer, vous éduquer et vous pousser à agir en faveur de vos rêves financiers.

Retrouvez des conseils et suivez-nous sur

www.moninvestissementimmobilier.com